Impressum

Verlag: BABADADA GmbH, Nedderfeld 112 , 22529 Hamburg

Geschäftsführer / Verlagsleitung: Harald Hof

Druck: Books on Demand GmbH, In de Tarpen 42, 22848 Norderstedt

Imprint

Publisher: BABADADA GmbH, Nedderfeld 112 , 22529 Hamburg, Germany

Managing Director / Publishing direction: Harald Hof

Print: Books on Demand GmbH, In de Tarpen 42, 22848 Norderstedt, Germany

делити
除

186/2

плоча
黑板

учиона
教室

школско двориште
校园

наставник
老师

папир
纸

хемијска оловка
钢笔

писаћи стол
办公桌

писати
书写

лењир
直尺

књига
书

ученик
学生

торба

书包

перница

铅笔盒

графитна оловка

铅笔

шиљило за оловке

卷笔刀

гумица за брисање

橡皮擦

блок за цртање

画板

цртеж

图画

кист

画笔

кутија са бојама

颜料盒

маказе

剪刀

лепило

胶水

бележница

练习册

домаћи задатак

家庭作业

број

数字

2+2

сабирати

加

5-2

одузимати

减

2×2

множити

乘

рачунати

计算

A

слово

字母

ABCDEFG
HIJKLMN
OPQRSTU
VWXYZ

абецеда

字母表

реч

字

текст

课文

читати

读

креда

粉笔

час

上课

дневник

登记

испит

考试

сведочанство

证书

школска униформа

校服

образовање

教育

лексикон

百科全书

универзитет

大学

микроскоп

显微镜

карта

地图

кошара за папир

废纸筐

хотел
酒店

преноћиште
青年旅社

Grand

ROOMS

мењачница
外币兑换处

кофер
手提箱

ауто
汽车

језик

语言

да / не

是/否

океј

好的

здраво

您好

преводилац

翻译员

хвала

谢谢

Колико кошта...?

......多少钱？

не разумем

我不明白

проблем

问题

добро вече!

晚上好！

Добро јутро!

早上好！

Лаку ноћ!

晚安！

довиђења

再见

смер

方向

пртљага

行李

торба

包

руксак

双肩包

гост

客人

соба

房间

врећа за спавање

睡袋

шатор

帐篷

туристичке информације

旅游信息

плажа

海滩

кредитна картица

信用卡

доручак

早餐

ручак

午餐

вечера

晚餐

карта за вожњу

票

лифт

电梯

поштанска маркица

邮票

граница

边界

царина

海关

амбасада

大使馆

виза

签证

пасош

护照

путовање - 旅行

авион
飞机

брод
船

ватрогасно возило
消防车

аутобус
公交车

теретно возило
卡车

моторни чамац
汽艇

ауто
汽车

бицикл
自行车

трајект

摆渡船

чамац

小船

мотоцикл

摩托车

полицијски ауто

警车

тркаћи ауто

赛车

изнајмљено ауто

租车

дељење аутомобила

拼车

вучно возило

拖车

возило за одвоз смећа

垃圾车

мотор

发动机

бензин

汽油

бензинска станица

加油站

саобраћајни знак

交通标志

саобраћај

交通

застој

交通堵塞

паркиралиште

停车场

железничка станица

火车站

шине

轨道

воз

火车

трамвај

电车

вагон

货车

хеликоптер

直升机

аеродром

机场

кула

塔

путник

乘客

контејнер

集装箱

картон

纸板箱

колица

手推车

корпа

篮子

узлетети / слетети

起飞/降落

град

城市

село

村庄

центар града

市中心

кућа

房子

CINEMA

кино / 电影院

реклама / 广告

улична светиљка / 路灯

улица / 街道

такси / 出租车

киоск / 小吃店

пешак / 行人

тротоар / 人行道

пешачки прелаз / 斑马线

контејнер за отпад / 垃圾箱

раскрсница / 十字路口

семафор / 红绿灯

колиба

小屋

стан

公寓

железничка станица

火车站

већница

市政厅

музеј

博物馆

школа

学校

универзитет

大学

банка

银行

болница

医院

хотел

酒店

апотека

药房

канцеларија

办公室

књижара

书店

продавница

商店

цвећара

花店

супермаркет

超市

трг

市场

робна кућа

百货商店

рибарница

鱼店

трговачки центар

购物中心

лука

海港

парк

公园

клупа

长凳

мост

桥

степенице

楼梯

подземна железница

地铁

тунел

隧道

аутобуска станица

公交车站

бар

酒吧

ресторан

餐馆

поштанско сандуче

邮筒

улични знак

路标

паркирни аутомат

停车计时器

зоолошки врт

动物园

базен

游泳馆

џамија

清真寺

сеоско газдинство

农场

загађење околине

污染

гробље

墓地

црква

教堂

игралиште

操场

храм

寺庙

пејсаж
地形

лист
树叶

путоказ
指示牌

пут
路

ливада
草地

камен
石头

дрво
树

шетач
徒步旅行者

река
河

трава
草

цвет
花

долина

峡谷

планина

山

језеро

湖

шума

森林

пустиња

沙漠

вулкан

火山

дворац

城堡

дуга

彩虹

гљива

蘑菇

палма

棕榈树

москито

蚊子

мува

苍蝇

мрав

蚂蚁

пчела

蜜蜂

паук

蜘蛛

буба

甲虫

жаба

青蛙

веверица

松鼠

јеж

刺猬

зец

野兔

сова

猫头鹰

птица

鸟

лабуд

天鹅

дивља свиња

野猪

јелен

鹿

лос

麋鹿

насип

水坝

ветрењача

风力发电机

соларна плоча

太阳能电池板

клима

气候

конобар
服务员

jеловник
菜单

столица
椅子

пица
披萨饼

супа
汤

прибор за jело
餐具

столњак
桌布

предјело

前菜

главно jело

主菜

десерт

甜点

напитци

饮料

jело

食物

флаша

瓶子

брза храна

快餐

имбис храна

街边小吃

чајник

茶壶

доза за шећер

糖盒

порција

一份饭菜

апарат за еспресо

意式咖啡机

висока столица

高脚椅

рачун

账单

послужавник

托盘

нож

刀

виљушка

餐叉

кашика

勺子

чајна кашика

茶匙

салвета

餐巾

чаша

玻璃杯

тањир

碟子

тањир за супу

汤盘

тањирић

碟子

сос

酱

сољенка

盐瓶

млин за бибер

胡椒磨

сирће

醋

уље

食用油

зачини

调味料

кечап

番茄酱

сенф

芥末

мајонеза

蛋黄酱

понуда
特价

купац
顾客

млечни производи
乳制品

воће
水果

колица за куповину
购物车

FOR

месница

肉铺

пекара

面包房

вагати

称重

поврће

蔬菜

месо

肉

смрзнута храна

冷冻食品

нарезак

冷盘

конзерве

罐头食品

средство за прање

洗衣粉

слаткиши

甜食

артикли за домаћинство

日用品

средства за чишћење

清洁用品

продавачица

销售员

благајна

收银机

благајник

收银员

листа за куповину

购物清单

време рада

开放时间

новчаник

钱包

кредитна картица

信用卡

торба

袋子

пластична кеса

塑料袋

вода

水

сок

果汁

млеко

牛奶

кола

可乐

вино

红酒

пиво

啤酒

алкохол

酒

какао

可可

чај

茶

кава

咖啡

еспресо

意式浓缩咖啡

капућино

卡布奇诺

банана

香蕉

jабука

苹果

наранџа

橙子

лубеница

西瓜

лимун

柠檬

шаргарепа

胡萝卜

бели лук

大蒜

бамбус

竹子

лук

洋葱

гљива

蘑菇

орашасти плодови

坚果

резанци

面条

шпагете

意大利面条

рижа

米饭

салата

沙拉

помфрит

薯条

печени крумпир

炸土豆

пица

披萨饼

хамбургер

汉堡包

сендвич

三明治

шницла

炸猪排

шунка

火腿

салама

萨拉米

кобасица

香肠

кокош

鸡肉

печење

烤肉

риба

鱼

зобене пахуљице

燕麦片

мусли

穆兹利

кукурузне пахуљице

玉米片

брашно

面粉

кроасан

羊角面包

пециво

面包卷

хлеб

面包

тоаст

烤面包

кекси

饼干

маслац

黄油

свежи сир

凝乳

колач

蛋糕

jaje

蛋

jaje на око

煎蛋

сир

奶酪

сладолед

冰激凌

шећер

糖

мед

蜂蜜

мармелада

果酱

нугат крема

巧克力酱

кари

咖喱饭

сеоска кућа
农舍

бале сена
稻草捆

амбар
粮仓

поље
田野

коњ
马

приколица
拖车

ждребе
马驹

трактор
拖拉机

магарац
驴

овца
羊

лане
羔羊

коза

山羊

крава

奶牛

теле

牛犊

свиња

猪

прасе

小猪

бик

公牛

гуска

鹅

патка

鸭

пилићи

小鸡

кокош

母鸡

петао

公鸡

пацов

鼠

мачка

猫

миш

老鼠

вол

牛

пас

狗

кућица за пса

狗屋

вртно црево

花园浇水软管

канта за поливање

洒水壶

коса

长柄大镰刀

плуг

犁

срп

镰刀

мотика

锄头

виљушка за ђубриво

长柄草耙

секира

斧头

тачке

独轮手推车

корито

饲料槽

посуда за млеко

牛奶罐

врећа

麻布袋

ограда

栅栏

штала

马厩

стакленик

温室

земља

土壤

семе

种子

ђубриво

肥料

комбајн

联合收割机

жети

收割

жетва

收割

jамс зачин

山药

пшеница

小麦

соја

大豆

крумпир

土豆

кукуруз

玉米

уљана репица

油菜籽

воћка

果树

гомољ маниоке

树薯

житарице

谷物

димњак
烟囱

кров
屋顶

жлеб
落水管

прозор
窗户

гаража
车库

звоно
门铃

врата
门

корпа за отпад
垃圾桶

поштанско сандуче
信箱

врт
花园

дневна соба

客厅

купаоница

浴室

кухиња

厨房

спаваћа соба

卧室

дечија соба

儿童房

трпезарија

餐厅

под

地板

зид

墙壁

строп

吊顶

подрум

地窖

сауна

桑拿

балкон

阳台

тераса

露台

базен

游泳池

косилица за траву

割草机

постељина за кревет

被单

дека за кревет

床罩

кревет

床

метла

扫帚

канта

水桶

прекидач

开关

тапета
壁纸

слика
照片

светиљка
台灯

регал
搁架

ормар
橱柜

телевизија
电视机

камин
壁炉

цвет
花

jастук
垫子

кауч
沙发

ваза
花瓶

даљински управљач
遥控器

тепих
地毯

завеса
窗帘

сто
餐桌

столица
椅子

столица за њихање
摇椅

фотеља
扶手椅

књига

书

дека

毯子

декорација

装饰品

дрво за огрев

木柴

филм

电影

хи-фи уређај

高保真音响

кључ

钥匙

новине

报纸

слика на платну

油画

постер

海报

радио

收音机

блок за писање

笔记本

усисивач

吸尘器

кактус

仙人掌

свећа

蜡烛

фрижидер
冰箱

микроталасна рерна
微波炉

кухињска вага
厨房秤

средство за чишћење
洗洁精

тоастер
烤面包机

претинац за замрзавање
冰柜

рерна
烤箱

корпа за отпад
垃圾桶

машина за прање суђа
洗碗机

шпорет

炊具

лонац

锅

гвоздени лонац

铸铁锅

вок / кадаи

炒锅

тава

平底锅

кувало за воду

水壶

кувало на пару

蒸锅

лим за печење

烤盘

посуђе

陶瓷锅

чаша

马克杯

посуда

碗

штапићи за јело

筷子

кутлача

长柄勺

лопатица

铲子

пењача

搅拌器

сито за кување

滤网

сито

筛子

рибеж

磨碎机

мужар

研钵

роштиљ

烧烤

огњиште

明火

даска
菜板

оклагија
擀面杖

вадичеп
开瓶器

конзерва
罐子

отварач конзерви
开罐器

крпа за лонац
隔热手套

судопер
水槽

четка
刷子

сунђер
海绵

миксер
搅拌机

замрзивач
冷藏箱

флашица за бебе
奶瓶

славина за воду
水龙头

грејање
供暖设备

туш
淋浴

пешкир
毛巾

завеса за туш
浴帘

пенушава купка
泡沫浴

када
浴缸

чаша
玻璃杯

машина за прање веша
洗衣机

плочице
瓷砖

славина за воду
水龙头

тута
便壶

судопер
水槽

тоалет	чучавац	бидет
厕所	蹲便器	坐浴器

писоар	тоалетни папир	четка за тоалет
小便池	厕纸	马桶刷

четкица за зубе

牙刷

паста за зубе

牙膏

конац за зубе

牙线

прати

洗

туш ручица

手持式喷淋头

туш за прање интимних делова

冲洗器

лавор

洗脸盆

четка за прање леђа

擦背刷

сапун

肥皂

гел за туширање

沐浴露

шампон

洗发水

крпа за прање

法兰绒

одвод

排水

крема

乳霜

дезодоранс

除臭剂

огледало

镜子

козметичко огледало

手镜

бријач

剃须刀

пена за бријање

剃须泡沫

лосион за после бријања

须后水

чешаљ

梳子

четка

刷子

фен за косу

吹风机

спреј за косу

喷发定型剂

шминка

化妆品

руж за усне

唇膏

лак за нокте

指甲油

вата

化妆棉

маказе за нокте

指甲剪

парфем

香水

козметичка торбица

洗漱包

столица

凳子

вага

计重秤

огртач

浴袍

рукавице за чишћење

橡胶手套

тампон

卫生棉条

уложак

卫生巾

хемијски тоалет

化学厕所

будилник
闹钟

плишана играчка
毛绒玩具

ауто играчка
玩具车

звечка
拨浪鼓

кућица за лутке
玩具屋

поклон
礼物

балон
气球

кревет
床

дјечија колица
（洋娃娃用）婴儿车

игра са картама
扑克牌

слагалица
拼图

стрип
漫画

лего коцкице
乐高积木

коцкице за слагање
积木玩具

акциони јунак
玩具人

бенкица за бебе
婴儿服

фризби
飞盘

висеће играчке
床铃玩具

друштвене игре
棋盘游戏

коцка
骰子

минијатурна жељезница
火车模型

дуда
安抚奶嘴

забава
聚会

сликовница
绘本

лопта
球

лутка
洋娃娃

играти
玩

пешчаник

沙坑

љуљачка

秋千

играчка

玩具

конзола за игре

游戏机

трицикл

三轮车

теди

泰迪熊

ормар

衣柜

одећа

衣服

кратке чарапе

袜子

чарапе

长袜

хулахопке

紧身裤

шал
围巾

кишобран
雨伞

каиш
皮带

мајица
T恤

чизме
靴子

патике
运动鞋

папуче
拖鞋

сандале
凉鞋

ципеле
鞋

гумене чизме
雨靴

гаћице
内裤

грудњак
胸罩

поткошуља
背心

боди

身体

панталоне

裤子

фармерке

牛仔裤

сукња

短裙

блуза

女式衬衫

кошуља

衬衫

џемпер

套头衫

џемпер с капуљачом

卫衣

сако

西装夹克

јакна

夹克

мантил

外套

кабаница

雨衣

костим

套装

хаљина

连衣裙

венчаница

婚纱

оде́ло

西装

спава́ћица

睡袍

пиџа́ма

睡衣

са́ри

莎丽

ма́рама за главу

头巾

турба́н

包头巾

бу́рка

波卡

ка́фтан

卡夫坦

аба́ја

(阿拉伯式)长袍

ку́па́ћи ко́стим

泳衣

ку́па́ће га́ћице

男式泳裤

кра́тке панта́лоне

短裤

оде́ћа за тре́нинг

运动服

кеце́ља

围裙

рука́вице

手套

дугме

纽扣

наочаре

眼镜

наруквица

手链

огрлица

项链

прстен

戒指

наушница

耳环

капа

便帽

вешалица

衣架

шешир

帽子

кравата

领带

патент затварач

拉链

кацига

头盔

нараменице

背带

школска униформа

校服

униформа

制服

подбрадак

围兜

дуда

安抚奶嘴

пелена

尿不湿

канцеларија
办公室

сервер
服务器

ормар за списе
文件柜

штампач
打印机

монитор
显示屏

папир
纸

миш
鼠标

писаћи стол
办公桌

мапа
文件夹

тастатура
键盘

кошара за папир
废纸筐

столица
椅子

компјутер
电脑

шалица за каву

咖啡杯

калкулатор

计算器

интернет

因特网

лаптоп

笔记本电脑

писмо

信件

порука

消息

мобилни телефон

手机

мрежа

网络

уређај за копирање

复印机

софтвер

软件

телефон

电话

утичница

插座

факс

传真机

формулар

表格

документ

文件

куповати
买

платити
付钱

трговати
交易

новац
现金

долар
美元

евро
欧元

јен
日元

рубља
卢布

швајцарски франак
瑞士法郎

ренминдби јуан
人民币

рупија
卢比

аутомат за новац
提款处

мењачница

外币兑换处

злато

金

сребро

银

нафта

石油

енергија

能源

цена

价格

уговор

合同

порез

税金

деонице

股票

радити

工作

службеник

职员

послодавац

老板

фабрика

工厂

продавница

商店

полицајац
警官

ватрогасац
消防员

кувар
厨师

лекар
医生

пилот
飞行员

вртлар

园丁

столар

木匠

кројачица

裁缝

судија

法官

хемичар

化学家

глумац

演员

возач аутобуса

公交车司机

возач таксија

出租车司机

рибар

渔夫

чистачица

清洁女工

кровопокривач

屋顶工

конобар

服务员

ловац

猎人

сликар

画家

пекар

面包师

електричар

电工

грађевински радник

建筑工人

инжењер

工程师

месар

屠夫

лимар

水管工

поштар

邮递员

војник

士兵

архитекта

建筑师

благајник

收银员

цвећар

花农

фризер

理发师

кондуктер

售票员

механичар

机械师

капетан

船长

зубар

牙医

научник

科学家

раби

拉比

имам

伊玛目

монах

和尚

свећеник

牧师

чекић
铁锤

одвијач
螺丝刀

клешта
钳子

кључ за завртње
扳手

џепна лампа
手电筒

багер

挖掘机

кутија за алат

工具箱

мердевине

梯子

пила

锯子

ексер

钉子

бушилица

钻机

поправити

修

лопата

铲子

до ђавола!

靠！

лопатица

簸箕

лонац за боју

油漆桶

завртањи

螺丝

звучник
扬声器

бубњеви
打击乐器

контрабас
低音提琴

труба
小号

гитара
吉他

клавир

钢琴

виолина

小提琴

бас

贝斯

тимпани

定音鼓

ударљке за бубњеве

鼓

типке клавира

电子琴

саксофон

萨克斯管

флаута

长笛

микрофон

麦克风

улаз
入口

тигар
老虎

кавез
笼子

зебра
斑马

храна за животиње
动物饲料

панда
熊猫

животиње

动物

слон

大象

кенгур

袋鼠

носорог

犀牛

горила

大猩猩

медвед

熊

камила

骆驼

нoj

鸵鸟

лав

狮子

мajмун

猴子

фламинго

火烈鸟

папагaj

鹦鹉

поларни медвед

北极熊

пингвин

企鹅

аjкула

鲨鱼

паун

孔雀

змиja

蛇

крокодил

鳄鱼

чувар у зоолошком врту

动物园管理员

туљан

海豹

jaгyaр

美洲豹

пони

矮种马

леопард

豹

нилски коњ

河马

жирафа

长颈鹿

орао

老鹰

дивља свиња

野猪

риба

鱼

корњача

龟

морж

海象

лисица

狐狸

газела

羚羊

амерички ногомет
橄榄球

бициклизам
骑自行车

тенис
网球

кошарка
篮球

пливање
游泳

бокс
拳击

хокеј на леду
冰球

фудбал
英式足球

бадминтон
羽毛球

атлетика
田径

рукомет
手球

скијање
滑雪

поло
马球

скочити
跳

загрлити
拥抱

смејати се
笑

певати
唱

ићи
走路

молити се
祈祷

пољубити
亲吻

сањати
做梦

писати
书写

цртати
画

показати
展示

гурати
推

дати
给

узети
拿

имати

有

чинити

做

бити

当

стојати

站

трчати

跑

повлачити

拉

бацити

扔

падати

摔倒

лежати

躺

чекати

等待

носити

携带

седити

坐

облачити

穿衣

спавати

睡觉

пробудити се

醒来

гледати

看

плакати

哭

миловати

抚摸

чешљати

梳头

говорити

交谈

разумети

明白

питати

问

слушати

听

пити

喝

јести

吃

поспремити

清理

волети

爱

кухати

做饭

возити

开车

летети

飞

пловити

航行

рачунати

计算

читати

读

учити

学习

радити

工作

венчати се

结婚

шити

缝

прати зубе

刷牙

убити

杀

пушити

抽烟

послати

寄

бака
祖母

деда
祖父

отац
父亲

мајка
母亲

беба
婴童

кћерка
女儿

син
儿子

гост

客人

тетка

阿姨

ујак, стриц

叔叔

брат

兄弟

сестра

姐妹

чело
前额

око
眼睛

раме
肩膀

лице
脸

прст
手指

брада
下巴

рука
手

нога
腿

груди
乳房

рука
手臂

беба

婴童

мушкарац

男人

жена

女人

девојчица

女孩

дечак

男孩

глава

头

леђа

背部

стомак

肚子

пупак

肚脐

ножни прст

脚趾

пета

脚后跟

кост

骨头

кукови

臀部

колено

膝盖

лакат

手肘

нос

鼻子

задњица

屁股

кожа

皮肤

образ

脸颊

уво

耳朵

усна

嘴唇

тело - 身体

уста

嘴

зуб

牙齿

језик

舌头

мозак

脑

срце

心脏

мишић

肌肉

плућа

肺

јетра

肝脏

желудац

胃

бубрези

肾脏

полни однос

性交

кондом

避孕套

јајна ћелија

卵子

сперма

精子

трудноћа

怀孕

менструација

月经

вагина

阴道

пенис

阴茎

обрва

眉毛

коса

头发

врат

脖子

болница
医院

болничко возило
救护车

инвалидска колица
轮椅

лом
骨折

лекар

医生

хитна медицинска служба

急诊室

медицинска сестра

护士

хитни случај

紧急情况

несвест

昏迷

бол

痛

повреда

受伤

крварење

出血

срчани удар

心脏病发作

удар

中风

алергија

过敏

кашаљ

咳嗽

грозница

发烧

грипа

流感

пролив

腹泻

главобоља

头痛

рак

癌症

дијабетес

糖尿病

хирург

外科医生

скалпел

手术刀

операција

手术

цт

CT

рентген

X光

ултразвук

超声波

маска

口罩

болест

疾病

чекаона

候诊室

штака

拐杖

фластер

石膏

завој

绷带

ињекција

注射

стетоскоп

听诊器

носила

担架

термометар

体温计

рођење

出生

прекомерна тежина

超重

слушни апарат

助听器

средство за дезинфекцију

消毒液

инфекција

感染

вирус

病毒

хив / аидс

艾滋病

медицина

药物

вакцинација

接种疫苗

таблете

药片

пилула

药丸

хлтни позив

急救电话

уређај за мерење
притиска
血压计

болесно / здраво

生病/健康

помоћ!

救命！

аларм

警报

насртај

突击

напад

攻击

опасност

危险

излаз у случају нужде

紧急出口

пожар!

着火啦！

противпожарни апарат

灭火器

незгода

意外

кутија прве помоћи

急救箱

сос

呼救信号

полиција

警察

Европа

欧洲

Северна Америка

北美洲

Јужна Америка

南美洲

Африка

非洲

Азија

亚洲

Аустралија

澳洲

Атлантик

大西洋

Пацифик

太平洋

Индијски океан

印度洋

Антарктички океан

南冰洋

Арктички океан

北冰洋

Северни рол

北极

Јужни рол

南极

Антарктик

南极洲

земља

地球

земља

陆地

море

海

оток

岛

нација

国家

држава

国家

бројчаник сата

钟面

сатна казаљка

时针

минутна казаљка

分针

секундна казаљка

秒针

Колико је сати?

现在几点？

дан

天

време

时间

сада

现在

дигитални сат

电子表

минута

分

час

时

понедељак
周一

среда
周三

петак
周五

уторак
周二

четвртак
周四

субота
周六

недеља
周日

jуче
昨天

данас
今天

сутра
明天

jутро
早晨

подне
中午

вече
晚上

радни дани
工作日

викенд
周末

киша
雨

дуга
彩虹

снег
雪

ветар
风

пролеће
春

jeсен
秋

лето
夏

зима
冬

4.APRIL	11°	☀
5.APRIL	4°	☁
6.APRIL	13°	☁
7.APRIL	8°	☀
8.APRIL	10°	☀

метеоролошка прогноза

天气预报

термометар

温度计

сунчана светлост

阳光

облак

云

магла

雾

влажност ваздуха

潮湿

муња

闪电

грмљавина

打雷

олуја

风暴

туча

冰雹

монсун

季风

поплава

洪水

лед

冰

јануар

一月

фебруар

二月

март

三月

април

四月

мај

五月

јуни

六月

јули

七月

август

八月

септембар
九月

октобар
十月

новембар
十一月

децембар
十二月

круг
圆形

квадрат
正方形

правоугао
长方形

троугао
三角形

кугла
球体

коцка
立方体

бела

白

жута

黄

наранџаста

橙

ружичаста

粉

црвена

红

љубичаста

紫

плава

蓝

зелена

绿

смеђа

棕

сива

灰

црна

黑

много / мало

很多/少许

љутито / мирно

生气/平静

лепо / ружно

美/丑

пɔчетак / крај

首/尾

велико / малено

大/小

светло / тамно

明/暗

брат / сестра

兄弟/姐妹

чисто / прљаво

干净/肮脏

потпуно / непотпуно

完整/缺失

дан / ноћ

白天/晚上

мртво / живо

死/生

широко / уско

宽/窄

јестиво / нејестиво

可食用/非食用

зло / добро

邪恶/善良

узбуђено / досадно

兴奋/无聊

дебело / мршаво

胖/瘦

на почетку / на крају

第一/最后

пријатељ / непријатељ

朋友/敌人

пуно / празно

满/空

тврдо / мекано

硬/软

тешко / лагано

重/轻

глад / жеђ

饿/渴

болесно / здраво

生病/健康

илегално / легално

非法/合法

паметно / глупо

聪明/愚笨

лево / десно

左/右

близу / далеко

近/远

ново / половно

新/旧

ништа / нешто

没有/有些

старо / младо

老/幼

укључено / искључено

开/关

отворено / затворено

打开/合上

тихо / гласно

安静/吵闹

богато / сиромашно

富/穷

тачно / погрешно

对/错

храпаво / глатко

粗糙/光滑

тужно / сретно

伤心/高兴

кратко / дуго

短/长

полако / брзо

慢/快

мокро / сухо

湿/干

топло / хладно

温暖/凉爽

рат / мир

战争/和平

0

нула
零

1

један
一

2

два
二

3

три
三

4

четири
四

5

пет
五

6

шест
六

7

седам
七

8

осам
八

9

девет
九

10

десет
十

11

једанаест
十一

12
дванаест
十二

13
тринаест
十三

14
четрнаест
十四

15
петнаест
十五

16
шестнаест
十六

17
седамнаест
十七

18
осамнаест
十八

19
деветнаест
十九

20
двадесет
二十

100
стотину
百

1.000
хиљаду
千

1.000.000
милион
百万

енглески

英语

амерички енглески

美式英语

мандарински кинески

普通话

хиндски

印地语

шпански

西班牙语

француски

法语

арапски

阿拉伯语

руски

俄语

португалски

葡萄牙语

бенгалски

孟加拉语

немачки

德语

jапански

日语

ja

我

ти

你

он / она / оно

他/她/它

ми

我们

ви

你们

они

他们

Ко?

谁？

Шта?

什么？

Како?

怎样？

Где?

哪里？

Када?

什么时候？

име

名字

иза
后面

у
里面

испред
前面

преко
上方

на
上面

испод
下面

поред
旁边

између
中间

место
地点